Lebensworte

ISBN 3-7918-1500-8

1. Auflage 1995

Umschlagbild:

August Macke, Der Seiltänzer (Foto: AKG, Berlin)

Einband und typografische Gestaltung:

Albert Müllenborn, Wuppertal

Lithografie:

Zerres, Leverkusen

Gesamtherstellung:

Maisch & Queck, Gerlingen

Marie von Ebner-Eschenbach
Lebensworte

Ausgewählt und eingeleitet von Hans-Joachim Pagel

Ölbilder von August Macke

Quell

Marie von Ebner-Eschenbach (1830–1916)

Sie kannte wie wenige das menschliche Herz. Mit Menschen zu leben, sie zu verstehen, an ihren Schicksalen teilzunehmen, ihnen Halt und, wenn es denn gelang, auch Richtung zu geben, das machte ihr Leben aus – und bestimmte ihr Schreiben.

Geboren wurde sie als Komtesse Dubsky am 13. September 1830 auf dem Landgut Zdislawitz in Mähren, nahe Olmütz. Der Vater entstammte mährischem Uradel, die Mutter sächsischem Beamtenadel. Marie wuchs teils in dieser dörflichen Umgebung, teils in Wien auf, wo die Familie die Wintersaison zu verbringen pflegte. Früh zeigte sich ihre literarische Begabung. Schon die Zehnjährige sprach, berückt vom Klang der Wörter, eigene Verse vor sich hin, und die Vierzehnjährige nahm sich vor, die größte Schriftstellerin aller Zeiten zu werden. Die wurde sie nicht, wohl aber die bedeutendste Erzählerin Österreichs in ihrer Zeit und noch lange danach. Doch das dauerte.

Zwar unterstützte die Familie diese literarischen Ambitionen und sorgte für eine das Standesübliche weit übersteigende Bildung der Tochter, und der fünfzehn Jahre ältere Vetter Moritz von Ebner-Eschenbach, den Marie 1848, achtzehnjährig, heiratete, setzte diese Unterstützung fort und förderte und ermutigte seine Frau nach Kräften – aber die Kritik! Die junge Dichterin hatte sich dem Theater verschrieben, Shakespeare, Schiller und Grillparzer vor Augen und im Herzen, aber kaum jemand wollte ihre Stücke gelten lassen, nur wenige Aufführungen kamen zustande.

Marie von Ebner-Eschenbach mußte einsehen, daß das Theater ihr verschlossen blieb. Beinahe hätte sie resigniert. Aber das Schreiben ganz aufgeben? Damit hätte sie sich selbst aufgegeben. Und so wagt sie, inzwischen über vierzigjährig, einen neuen Anfang, schreibt nun Erzählungen, Novellen, kleine Romane und findet darin die ihr gemäße Form. Sie bevölkert sie mit ihren Figuren aus den Lebenswelten, die sie genau kennt: den Dörflern, den Adelsfamilien, den Künstlern, den Kleinbürgern und Beamten. Immer wieder stehen Frauen im Mittelpunkt, starke Charaktere, die sich trotz oft ungünstiger Lebensumstände treu bleiben, sich nicht aufgeben und unbeirrt ihren Weg gehen, selbst wenn er sie in die Katastrophe führt.

In diesen Erzählungen entfaltete Marie von Ebner-Eschenbach voll ihre hohe Kunst, Menschenschicksale so zu gestalten, daß man sie miterlebt. Sie hatte ihr Leben lang gelernt, lesend, beobachtend, sich selbst und andere durchschauend; sie war hinabgestiegen in das Reich der Seele und hatte dort die Bosheit getroffen und die Güte, die Selbstgerechtigkeit und die Demut. Was das menschliche Herz birgt an Gutem, an Bösem, an Erschreckendem, an Aufrichtendem – sie hatte sich darauf eingelassen und war darüber nicht zur Zynikerin geworden, wohl aber zur Realistin, die wußte: »Wenn man nicht aufhören will, die Menschen zu lieben, muß man nicht aufhören, ihnen Gutes zu tun.«

In ihren Aphorismen, die 1880 zum ersten Mal erschienen und dann immer wieder aufgelegt wurden, bringt sie diese Lebenserfahrung auf den Punkt, faßt in knappen Sätzen zusammen, was sie als wesentlich erkannt hat.
Eine Welt tut sich auf, liest man diese Worte heute, die Welt des menschlichen Herzens, die wenige kannten wie sie: Marie von Ebner-Eschenbach.

Hans-Joachim Pagel

Erinnere dich der Vergessenen – eine Welt geht dir auf.

Großer Zoologischer Garten
(Ausschnitt)
1912

Nur der Denkende erlebt sein Leben,

am Gedankenlosen zieht es vorbei.

Nicht was wir erleben,

sondern wie wir empfinden, was wir erleben,

macht unser Schicksal aus.

Die einfachste und bekannteste Wahrheit
erscheint uns augenblicklich
neu und wunderbar,
sobald wir sie zum ersten Male an uns selbst erleben.

Sag etwas, das sich von selbst versteht, zum erstenmal,
und du bist unsterblich.

Das Leben erzieht die großen Menschen

und läßt die kleinen laufen.

Der Schmerz ist der große Lehrer der Menschen.

Unter seinem Hauche entfalten sich die Seelen.

Die kleinen Miseren des Lebens

helfen uns manchmal über sein großes Elend hinweg.

Wenn man das Dasein als eine Aufgabe betrachtet,

dann vermag man es immer zu ertragen.

Wer hat nicht schon das, was er sich zutraut,

für das gehalten, was er vermag?

Wir unterschätzen das, was wir haben,

und überschätzen das, was wir sind.

Kein Mensch weiß,

was in ihm schlummert und zutage kommt,

wenn sein Schicksal anfängt,

ihm über den Kopf zu wachsen.

Die großen Augenblicke

im guten wie im bösen Sinne

sind die, in denen wir getan haben,

was wir uns nie zugetraut hätten.

Suche immer zu nützen,

suche nie dich unentbehrlich zu machen.

Nicht wie weit,

sondern wie tief du wirkst,

darauf kommt's an.

Die Herrschaft

über den Augenblick

ist die Herrschaft

über das Leben.

So weit deine Selbstbeherrschung geht,

so weit geht deine Freiheit.

Die Gelassenheit

ist eine anmutige Form des Selbstbewußtseins.

Alle Enttäuschungen sind gering im Vergleich zu denen,

die wir an uns selbst erleben.

Nichts wird so oft unwiederbringlich versäumt

wie eine Gelegenheit, die sich täglich bietet.

Wenn die Zeit kommt, in der man könnte,

ist die vorüber, in der man kann.

Wenn man nicht aufhören will,
die Menschen zu lieben,
muß man nicht aufhören,
ihnen Gutes zu tun.

Frieden kannst du nur haben, wenn du ihn gibst.

Man muß das Gute tun, damit es in der Welt sei.

Haben und nichts geben
ist in manchen Fällen schlechter
als stehlen.

Rücksichtslosigkeiten, die edle Menschen erfahren haben,

verwandeln sich in Rücksichten, die sie erweisen.

Merkmal großer Menschen ist,

daß sie an andere weit geringere Anforderungen stellen

als an sich selbst.

Wenn die Großmut vollkommen sein soll,

muß sie eine kleine Dosis Leichtsinn enthalten.

Bis zu einem gewissen Grade selbstlos sollte man

schon aus Selbstsucht sein.

Die Menschen, denen wir eine Stütze sind,

die geben uns den Halt im Leben.

Jeder Mensch hat ein Brett vor dem Kopf –
es kommt nur auf die Entfernung an.

Was nennen die Menschen am liebsten dumm?
Das Gescheite, das sie nicht verstehen.

Niemand ist so beflissen, neue Eindrücke zu sammeln,
als derjenige, der die alten nicht zu verarbeiten versteht.

Die glücklichen Sklaven
sind die erbittertsten Feinde der Freiheit.

Wenn du durchaus nur die Wahl hast
zwischen einer Unwahrheit und einer Grobheit,
dann wähle die Grobheit;
wenn jedoch die Wahl getroffen werden muß
zwischen einer Unwahrheit und einer Grausamkeit,
dann wähle die Unwahrheit.

Das Tüttelchen Wahrheit,
das in mancher Lüge enthalten ist,
das macht sie furchtbar.

Wir verlangen sehr oft nur deshalb Tugenden von anderen,

damit unsere Fehler sich bequemer breitmachen können.

Wir sind leicht bereit, uns selbst zu tadeln,

unter der Bedingung – daß niemand einstimmt.

Viele Leute glauben,

wenn sie einen Fehler erst eingestanden haben,

brauchen sie ihn nicht mehr abzulegen.

Wer sich gar zu leicht bereit findet, seine Fehler einzusehen,

ist selten der Besserung fähig.

Die Teilnahme der meisten Menschen

besteht aus einer Mischung von Neugier und Wichtigtuerei.

So mancher meint ein gutes Herz zu haben

und hat nur schwache Nerven.

Promenade

1913

Die unerträglichsten Heuchler sind diejenigen,

die jedes Vergnügen, das ihnen geboren wird,

von der Pflicht zur Taufe tragen lassen.

Einen mit Weisheit Gesalbten

darf man nie warm werden lassen,

sonst trieft er.

Der Gescheitere gibt nach!

Ein unsterbliches Wort.

Es begründet die Weltherrschaft der Dummheit.

Daß soviel Ungezogenheit gut durch die Welt kommt,

daran ist die Wohlerzogenheit schuld.

Je kleiner das Sandkörnlein ist,
desto sicherer hält es sich für die Achse der Welt.

Es kommt alles auf die Umgebung an.
Die Sonne im lichten Himmelsraume
hat eine viel geringere Meinung von sich
als die Unschlittkerze,
die im Keller brennt.

Menschen, die viel von sich sprechen,
machen – so ausgezeichnet sie übrigens sein mögen –
den Eindruck der Unreife.

Der Umgang mit einem Egoisten ist darum so verderblich,
weil die Notwehr uns zwingt,
allmählich in seinen Fehler zu verfallen.

Über das Kommen mancher Leute tröstet uns nichts als –
die Hoffnung auf ihr Gehen.

Nicht jene, die streiten, sind zu fürchten,
sondern jene, die ausweichen.

Großer Zoologischer Garten
(Ausschnitt)
1912

Wir sind in Todesangst,
daß die Nächstenliebe sich zu weit ausbreiten könnte,
und richten Schranken gegen sie auf –
die Nationalitäten.

Die Liebe überwindet den Tod,

aber es kommt vor,

daß eine kleine üble Gewohnheit die Liebe überwindet.

Soweit die Erde Himmel sein kann,

soweit ist sie es in einer glücklichen Ehe.

Die uns gespendete Liebe,

die wir nicht als Segen und Glück empfinden,

empfinden wir als eine Last.

Wer an die Freiheit des menschlichen Willens glaubt,

hat nie geliebt und nie gehaßt.

Ehen werden im Himmel geschlossen,

aber daß sie gut geraten, darauf wird dort nicht gesehen.

Nichts entfernt zwei innerlich wenig verwandte Menschen

mehr voneinander als das Zusammenleben.

Es ist schlimm, wenn zwei Eheleute einander langweilen;

viel schlimmer jedoch ist es,

wenn nur einer von ihnen den anderen langweilt.

Ein Mann, der sich im Gespräch mit seiner Frau
widerlegt fühlt, fängt sogleich an, sie zu überschreien:
Er will und kann beweisen, daß ihm immer,
auch wenn er falsch singt, die erste Stimme gebührt.

Eine gescheite Frau hat Millionen geborener Feinde:
alle dummen Männer.

Die Empfindung des Einsamseins ist schmerzlich,

wenn sie uns im Gewühl der Welt,

unerträglich jedoch,

wenn sie uns im Schoße unserer Familie überfällt.

Überlege wohl, bevor du dich der Einsamkeit ergibst,

ob du auch für dich selber ein heilsamer Umgang bist.

Beim Wiedersehen nach einer Trennung
fragen die Bekannten nach dem, was mit uns,
die Freunde nach dem, was in uns vorgegangen.

Hafenbild mit Kindern auf der Mauer: Duisburger Hafen
1914

Wer sich seiner eigenen Kindheit nicht mehr deutlich erinnert,

ist ein schlechter Erzieher.

Das gibt sich,

sagen schwache Eltern von den Fehlern ihrer Kinder.

O nein, es gibt sich nicht,

es entwickelt sich!

Verwöhnte Kinder sind die unglücklichsten;

sie lernen schon in jungen Jahren

die Leiden der Tyrannen kennen.

Nur was für die Gegenwart zu gut ist,

ist gut genug für die Zukunft.

Die Moral, die gut genug war für unsere Väter,

ist nicht gut genug für unsere Kinder.

Man darf anders denken als seine Zeit,

aber man darf sich nicht anders kleiden.

Die Sitte ist schon gerichtet, zu deren Gunsten

wir kein anderes Argument vorzubringen wissen

als das ihrer Allgemeinheit.

41

Modegeschäft

1913

Das Alter verklärt oder versteinert.

Was Menschen und Dinge wert sind,

kann man erst beurteilen, wenn sie alt geworden.

Das Gemüt bleibt jung, solange es leidensfähig bleibt.

Man bleibt jung,

solange man noch lernen,

neue Gewohnheiten annehmen

und einen Widerspruch ertragen kann.

Mehr noch
als nach dem Glück unserer Jugend
sehnen wir uns im Alter
nach den Wünschen unserer Jugend zurück.

Späte Freuden sind die schönsten;
sie stehen zwischen entschwundener Sehnsucht
und kommendem Frieden.

Auch was wir am meisten sind, sind wir nicht immer.

Nenne dich nicht arm,

weil deine Träume nicht in Erfüllung gegangen sind;

wirklich arm ist nur,

der nie geträumt hat.

Und ich habe mich so gefreut!

sagst du vorwurfsvoll,

wenn dir eine Hoffnung zerstört wurde.

Du hast dich gefreut – ist das nichts?

Am Ziel der Wünsche wirst du jedenfalls eines vermissen:

dein Wandern zum Ziel.

Der Gedanke an die Vergänglichkeit aller irdischen Dinge

ist ein Quell unendlichen Leids –

und ein Quell unendlichen Trostes.

Quellennachweis

Die Texte

Die Aphorismen Marie von Ebner-Eschenbachs erschienen erstmals 1880 und wurden bis zur Gegenwart immer wieder nachgedruckt, zum Teil ergänzt durch nach 1880 entstandene Texte. Die Auswahl im vorliegenden Band geht zurück auf die »Gesammelten Schriften« der Autorin (Gebr. Paetel, Berlin 1893) und auf die veränderte und erweiterte Ausgabe in den »Sämtlichen Werken« (im selben Verlag, Berlin 1928). Rechtschreibung und Zeichensetzung wurden heute geltenden Regeln angepaßt.

Die Bilder

August Macke (1887–1914)

Die Fotos stammen, sofern nichts anderes angegeben ist, von den genannten Museen.

S. 9: Großer Zoologischer Garten (Ausschnitt), 1912. Dortmund, Museum am Ostwall. Foto: AKG Berlin

S. 15: Seiltänzer, 1914. Bonn, Städtisches Kunstmuseum. Foto: AKG Berlin

S. 21: Russisches Ballett, 1912. Bremen, Kunsthalle

S. 25: Promenade, 1913. München, Städtische Galerie im Lenbachhaus

S. 31: Großer Zoologischer Garten (Ausschnitt), 1912. Dortmund, Museum am Ostwall. Foto: AKG Berlin

S. 37: Hafenbild mit Kindern auf der Mauer: Duisburger Hafen, 1914. Bern, Kunstmuseum, Stiftung Othmar Huber

S. 41: Modegeschäft, 1913. Privatbesitz. Foto: AKG Berlin

S. 45: Elisabeth am Schreibtisch, 1911. Kaiserslautern, Pfalzgalerie